Mijn tweetalige prentenboek

Moja dvojezična slikovnica

Sefa's mooiste kinderverhalen in één bundel

Ulrich Renz • Barbara Brinkmann:

Slaap lekker, kleine wolf · Lijepo spavaj, mali vuče

Voor kinderen vanaf 2 jaar en ouder

Cornelia Haas • Ulrich Renz:

Mijn allermooiste droom · Moj najljepši san

Voor kinderen vanaf 2 jaar en ouder

Ulrich Renz • Marc Robitzky:

De wilde zwanen · Divlji Labudovi

Een sprookje naar Hans Christian Andersen

Voor kinderen vanaf 5 jaar en ouder

© 2024 by Sefa Verlag Kirsten Bödeker, Lübeck, Germany. www.sefa-verlag.de

Special thanks to Paul Bödeker, Freiburg, Germany

All rights reserved.

ISBN: 9783756304066

Lezen · Luisteren · Begrijpen

Slaap lekker, kleine wolf
Lijepo spavaj, mali vuče

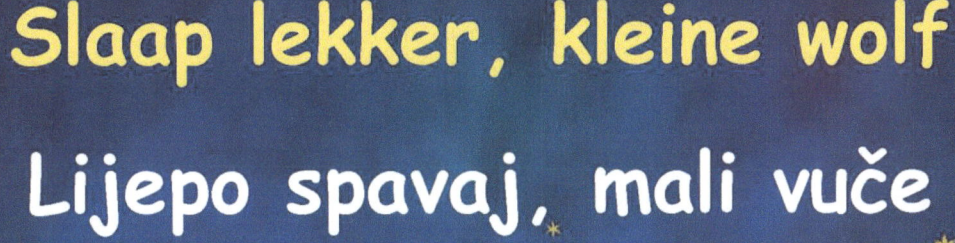

Ulrich Renz / Barbara Brinkmann

Nederlands — tweetalig — Kroatisch

Vertaling:

Jonathan van den Berg (Nederlands)

Karmen Fedeli (Kroatisch)

Luisterboek en video:

www.sefa-bilingual.com/bonus

Gratis toegang met het wachtwoord:

Nederlands: **LWNL2321**

Kroatisch: **LWHR1727**

Goedenacht, Tim! We zoeken morgen verder.
Voor nu slaap lekker!

Laku noć, Tim! Sutra ćemo tražiti dalje.
A sada lijepo spavaj!

Buiten is het al donker.

Vani je već mrak.

Wat doet Tim daar?

Što to Tim tamo radi?

Hij gaat naar de speeltuin.
Wat zoekt hij daar?

Ide van, prema igralištu.
Što li tamo traži?

De kleine wolf!

Zonder hem kan hij niet slapen.

Malog vuka!

Bez njega ne može spavati.

Wie komt daar aan?

Tko li to sad dolazi?

Marie! Ze zoekt haar bal.

Marija! Ona traži svoju loptu.

En wat zoekt Tobi?

A što Tobi traži?

Zijn graafmachine.

Svog bagera.

En wat zoekt Nala?

A što Nala traži?

Haar pop.

Svoju lutku.

Moeten de kinderen niet naar bed?
De kat is erg verwonderd.

Zar ne moraju djeca ići u krevet?
Čudi se jako mačka.

Wie komt er nu aan?

Tko to sad dolazi?

De mama en papa van Tim!
Zonder hun Tim kunnen zij niet slapen.

Mama i tata od Tima!
Bez svog Tima ne mogu spavati.

En er komen nog meer! De papa van Marie.
De opa van Tobi. En de mama van Nala.

I dolaze još više ljudi! Tata od Marije.
Tobijev djed. I Nalina mama.

Nu snel naar bed!

A sad brzo u krevet!

Goedenacht, Tim!
Morgen hoeven we niet meer te zoeken.

Laku noć, Tim!
Sutra više ne moramo tražiti.

Slaap lekker, kleine wolf!

Lijepo spavaj, mali vuče!

Cornelia Haas • Ulrich Renz

Mijn allermooiste droom
Moj najljepši san

Vertaling:

Gino Morillo Morales (Nederlands)

Karmen Fedeli (Kroatisch)

Luisterboek en video:

www.sefa-bilingual.com/bonus

Gratis toegang met het wachtwoord:

Nederlands: **BDNL2321**

Kroatisch: **BDHR1727**

Mijn allermooiste droom
Moj najljepši san

Cornelia Haas · Ulrich Renz

Nederlands — tweetalig — Kroatisch

Lulu kan niet slapen. Alle anderen zijn al aan het dromen – de haai, de olifant, de kleine muis, de draak, de kangoeroe, de ridder, de aap, de piloot. En het leeuwenwelpje. Zelfs de beer heeft moeite om zijn ogen open te houden …

Hé beer, neem je me mee in je dromen?

Lulu ne može da zaspi. Svi ostali već sanjaju—morski pas, slon, mali miš, zmaj, klokan, vitez, majmun, pilot. I lavić. Čak i medvjedu se gotovo zatvaraju oči…

Čuj Medo, jel me uzmeš sa sobom u tvoj san?

En zo bevindt Lulu zich in berendromenland. De beer is vissen aan het vangen in Meer Tagayumi. En Lulu vraagt zich af: wie woont daarboven in de bomen?

Wanneer de droom voorbij is, wil Lulu nog meer beleven. Kom mee, laten we de haai bezoeken! Wat zou hij nu dromen?

I već se Lulu nađe u medvjeđoj zemlji snova. Medvjed hvata ribe u Tagayumi jezeru. A Lulu se pita, tko li to tamo gore u stablu stanuje? Kada je san završen, Lulu želi doživjeti još više. Dođi, posjetimo morskog psa! O čemu li on sanja?

De haai speelt tikkertje met de vissen. Eindelijk heeft ook hij vrienden! Niemand is bang voor zijn scherpe tanden.

Wanneer de droom voorbij is, wil Lulu nog meer beleven. Kom mee, laten we de olifant bezoeken! Wat zou hij nu dromen?

Morski pas se igra lovice sa ribama. Konačno ima prijatelje! Nitko se ne boji njegovih oštrih zuba.
Kada je san završen, Lulu želi doživjeti još više. Dođite, posjetimo slona! O čemu li on sanja?

De olifant is zo licht als een veertje en kan vliegen! Hij staat op het punt om te landen in de hemelse weide.
Wanneer de droom voorbij is, wil Lulu nog meer beleven. Kom mee, laten we de kleine muis bezoeken! Wat zou zij nu dromen?

Slon je lak kao jedno pero i može da leti! Uskoro će sletjeti na nebesku livadu.

Kada je san završen, Lulu želi doživjeti još više. Dođite, posjetimo malog miša! O čemu li on sanja?

De kleine muis is naar de kermis aan het kijken. De achtbaan vindt ze het leukste.

Wanneer de droom voorbij is, wil Lulu nog meer beleven. Kom mee, laten we de draak bezoeken! Wat zou hij nu dromen?

Mali miš gleda zabavni park. Najviše mu se sviđa vijugava željeznica.
Kada je san završen, Lulu želi doživjeti još više. Dođite, posjetimo zmaja! O čemu li on sanja?

De draak heeft dorst van al het vuurspugen. Hij zou graag het hele limonademeer leegdrinken.
Wanneer de droom voorbij is, wil Lulu nog meer beleven. Kom mee, laten we de kangoeroe bezoeken! Wat zou zij nu dromen?

Zmaj je žedan od pljuvanja vatre. Najradije bi popio cijelo jezero limunade.
Kada je san završen, Lulu želi doživjeti još više. Dođite, posjetimo klokana.
O čemu li on sanja?

De kangoeroe springt door de snoepfabriek en vult haar buidel. Nog meer gummibeertjes! En drop! En chocolade!
Wanneer de droom voorbij is, wil Lulu nog meer beleven. Kom mee, laten we de ridder bezoeken! Wat zou hij nu dromen?

Klokan skače kroz tvornicu slatkiša i puni si tobolac. Još više plavih bombona! I više lizalica! I čokolade!

Kada je san završen, Lulu želi doživjeti još više. Dođite, posjetimo viteza. O čemu li on sanja?

De ridder is bezig met een taartgevecht met de prinses van zijn dromen.
Oeps! De slagroomtaart gaat ernaast!
Wanneer de droom voorbij is, wil Lulu nog meer beleven. Kom mee, laten we de aap bezoeken! Wat zou hij nu dromen?

Vitez vodi bitku tortama sa svojom princezom iz snova. Oh! Krem torta je promašila metu!

Kada je san završen, Lulu želi doživjeti još više. Dođite, posjetimo majmuna. O čemu li on sanja?

Eindelijk is er sneeuw gevallen in Apenland. De hele groep apen is door het dolle heen. Het is een echte apenkooi.
Wanneer de droom voorbij is, wil Lulu nog meer beleven. Kom mee, laten we de piloot bezoeken! Wat zou hij nu dromen?

Konačno da i jednom padne snijeg u zemlji majmuna! Cijelo majmunsko društvo se raduje i majmuniše naokolo.

Kada je san završen, Lulu želi doživjeti još više. Dođite, posjetimo pilota, u čijem li snu je on sletio?

De piloot vliegt verder en verder. Naar het einde van de wereld en nog verder, helemaal tot aan de sterren. Geen andere piloot heeft dat ooit gedaan. Wanneer de droom voorbij is, is iedereen al heel moe en willen ze niet meer zo veel beleven. Maar toch willen ze het leeuwenwelpje nog bezoeken. Wat zou zij nu dromen?

Pilot leti i leti. Do kraja svijeta, pa čak i dalje do zvijezda. Niti jedan drugi pilot nije to uspio.

Kada je san završen, svi su već jako umorni i ne žele više tako puno doživjeti. Ali lavića žele još posjetiti. O čemu li on sanja?

Het leeuwenwelpje heeft heimwee en wil terug naar haar warme, knusse bed.
Dat willen de anderen ook.

En daar begint ...

Lavić ima čežnju za domom i želi se vratiti u topli i udoban krevet.
I ostali isto tako.

I tamo počinje ...

... Lulu's allermooiste droom.

... Lulin
najljepši san.

Ulrich Renz • Marc Robitzky

De wilde zwanen

Divlji Labudovi

Vertaling:

Christa Kleimaker (Nederlands)

Karmen Fedeli (Kroatisch)

Luisterboek en video:

www.sefa-bilingual.com/bonus

Gratis toegang met het wachtwoord:

Nederlands: **WSNL2121**

Kroatisch: **WSHR1727**

Ulrich Renz · Marc Robitzky

De wilde zwanen

Divlji Labudovi

Een sprookje naar

Hans Christian Andersen

Nederlands — tweetalig — Kroatisch

Er waren eens twaalf koningskinderen – elf broers en een grote zus, Elisa. Ze leefden gelukkig in een prachtig kasteel.

Jednom davno, živjelo je dvanaest kraljevske djece– jedanaest braće i jedna starija sestra, Elisa. Živjeli su sretno u prekrasnom dvorcu.

Op een dag stierf hun moeder en een poosje later trouwde de koning opnieuw. Maar de nieuwe vrouw was een boze heks. Ze toverde de elf prinsjes om in zwanen en stuurde ze naar een vreemd land heel ver weg, aan de andere kant van het grote bos.

Jednog dana umrla je majka, a nešto kasnije se ponovno oženio. Međutim, nova žena bila je zla vještica. Sa čarolijom pretvorila je tih jedanaestero prinčeva u labudove i poslala ih je u jednu daleku zemlju izvan velike šume.

Ze kleedde het meisje in vodden en smeerde haar een zalfje op het gezicht dat haar zo lelijk maakte dat zelfs haar eigen vader haar niet meer herkende en haar uit het kasteel verjaagde. Elisa rende het donkere bos in.

Djevojku je oblačila u krpe i mazala joj lice sa ružnom masti, tako da ju čak i njezin otac nije više prepoznao i otjerao je iz dvorca. Elisa je pobjegla u mračnu šumu.

Nu was ze helemaal alleen, en verlangde in het diepst van haar ziel naar haar verdwenen broers. Toen de avond viel maakte ze onder de bomen een bed van mos.

Sada je bila sasvim sama i čeznula je za svojom nestalom braćom iz dubine svoje duše. Uvečer napravila si je krevet od mahovine ispod drveća.

De volgende ochtend kwam ze bij een stille vijver en schrok ze toen ze daarin haar eigen spiegelbeeld zag. Maar nadat ze zich had gewassen, was ze het mooiste koningskind onder de zon.

Sljedećeg jutra stigla je na jedno mirno jezero i uplašila se kad je vidjela svoj odraz u vodi. No, nakon što se oprala, bila je najljepše kraljevsko dijete pod suncem.

Na vele dagen bereikte Elisa de grote zee. Op de golven schommelden elf zwanenveren.

Nakon mnogo dana, Elisa je stigla do velikog mora. Na valovima ljuljalo se jedanaest labudovih pera.

Toen de zon onderging, ruisde er iets in de lucht en elf wilde zwanen landden op het water. Onmiddellijk herkende Elisa haar elf betoverde broers. Maar omdat ze de zwanentaal spraken, kon zij hen niet verstaan.

Dok je sunce zalazilo, šum je bio u zraku i jedanaest divljih labudova sletjelo je na vodu. Elisa je odmah prepoznala svoju začaranu braću. Ali pošto su govorili labuđi jezik, nije ih mogla razumjeti.

Overdag vlogen de zwanen weg, maar 's nachts vlijden de broers en zus zich in een grot tegen elkaar aan.

In een nacht had Elisa een vreemde droom: Haar moeder vertelde haar hoe ze haar broers kon bevrijdden. Ze moest voor iedere zwaan een hemdje van brandnetels breien en het dan over hem heen werpen. Tot die tijd mocht ze geen woord spreken, want anders zouden de broers sterven.
Elisa ging gelijk aan het werk. Hoewel haar handen brandden als vuur, breide ze onvermoeid door.

Danju labudovi su odlijetali, a noću sestra i braća su spavali priljubljeni jedan uz drugog u jednoj špilji.

Jedne noći, Elisa je sanjala čudan san: Majka joj je rekla kako bi mogla osloboditi svoju braću. Od koprive neka isplete za svakog labuda jednu košuljicu koju će im nabaciti. Ali do tada nije smjela govoriti niti riječ jer bi inače njena braća morala umrijeti.
Elisa je odmah počela raditi. Iako su joj ruke gorile poput vatre, neumorno je plela dalje.

Op een dag klonken er in de verte jachthoorns. Een prins met zijn gevolg kwam aangereden en stond al snel voor haar. Toen ze elkaar in de ogen keken, werden ze verliefd.

Jednog dana oglasili su se lovački rogovi u daljini. Jedan princ je dojahao na konju sa svojom pratnjom i već uskoro je stao pred njom. Kad su jedno drugome pogledali u oči, zaljubili su se.

De prins tilde Elisa op zijn paard en reed met haar naar zijn kasteel.

Princ je podignuo Elisu na svog konja i odveo je u svoj dvorac.

De machtige schatbewaarder was over de aankomst van het stomme meisje helemaal niet blij. Zijn eigen dochter zou de bruid van de prins moeten worden.

Moćni čuvar kraljevskog blaga bio je sve samo ne zadovoljan sa dolaskom nijeme ljepotice. Njegova vlastita kći trebala je biti prinčeva nevjesta.

Elisa was haar broers niet vergeten. Iedere avond werkte ze verder aan de hemdjes. Op een nacht sloop ze naar het kerkhof om verse brandnetels te plukken. Daarbij had de schatbewaarder haar in het geheim gade geslagen.

Elisa nije zaboravila svoju braću. Svake večeri nastavila je plesti košulje. Jedne noći otišla je na groblje da ubere svježe koprive. Čuvar blaga ju je tajno promatrao.

Zodra de prins op jacht was, liet de schatbewaarder Elisa in de kerker gooien. Hij beweerde dat zij een heks was die 's nachts andere heksen ontmoette.

Čim je princ otišao u lov, čuvar blaga je dao baciti Elisu u tamnicu. Tvrdio je da je ona vještica koja se noću sastaje s drugim vješticama.

Bij het aanbreken van de dag werd Elisa door de bewakers opgehaald. Ze zou op de markt worden verbrand.

U zoru, stražari su odveli Elisu. Trebala je biti spaljena na trgu.

Nauwelijks waren ze daar aangekomen toen plotseling elf witte zwanen aangevlogen kwamen. Snel gooide Elisa iedere zwaan een brandnetel-hemdje over. Al gauw stonden al haar broers als mensen voor haar. Alleen de kleinste, wiens hemdje nog niet helemaal klaar was, had nog een vleugel in plaats van een arm.

Čim je stigla tamo, iznenada doletjelo je jedanaest labudova. Elisa je brzo nabacila svakom labudu košuljicu od koprive. Ubrzo nakon toga, sva njena braća stajala su pred njom u ljudskom obliku. Samo najmanji, čija košulja nije sasvim bila završena, zadržao je jedno krilo umjesto ruke.

Het omhelzen en kussen van de broers en zus was nog niet afgelopen toen de prins terugkeerde. Eindelijk kon Elisa hem alles uitleggen. De prins liet de boze schatbewaarder in de kerker gooien. En daarna werd er zeven dagen lang bruiloft gevierd.

En ze leefden nog lang en gelukkig.

Grljenje i ljubljenje braće i sestre nije imalo kraja kada se princ vratio. Napokon mu je Elisa mogla sve objasniti. Princ je zlog čuvara blaga dao baciti u tamnicu. A nakon toga, svadba se je slavila sedam dana.

I svi su živjeli sretno do kraja života.

Hans Christian Andersen

Hans Christian Andersen werd 1805 in de Deense stad Odense geboren en overleed in 1875 te Kopenhagen. Door de sprookjes zoals "De kleine zeemeermin", "De nieuwe kleren van de keizer" of "Het lelijke eendje" werd hij wereldberoemd. Dit sprookje, "De wilde zwanen", werd voor het eerst in 1838 gepubliceerd. Het werd sindsdien in meer dan honderd talen vertaald en in vele versies o.a. ook voor het theater, film en musical bewerkt.

Barbara Brinkmann werd geboren in 1969 in München (Duitsland). Ze studeerde architectuur in München en is momenteel werkzaam bij de faculteit Bouwkunde van de Technische Universiteit van München. Ze werkt ook als grafisch ontwerper, illustrator en auteur.

Cornelia Haas werd geboren in 1972 in Ichenhausen bij Augsburg (Duitsland). Ze studeerde design aan de Hogeschool van Münster, waar ze als ontwerpster afstudeerde. Sinds 2001 illustreert ze boeken voor kinderen en jongeren en sinds 2013 doceert ze acryl- en digitale schilderkunst aan de Hogeschool Münster.

Marc Robitzky, geboren in 1973, studeerde aan de technische kunstschool in Hamburg en de Academie voor Beeldende Kunsten in Frankfurt. Hij werkte als zelfstandig illustrator en communicatie designer in Aschaffenburg (Duitsland).

Ulrich Renz werd geboren in 1960 in Stuttgart (Duitsland). Hij studeerde Franse literatuur in Parijs en geneeskunde in Lübeck, waarna hij als directeur van een wetenschappelijke uitgeverij werkte. Vandaag de dag is Renz freelance auteur en schrijft hij naast non-fictie ook boeken voor kinderen en jongeren.

Hou je van tekenen?

Hier vindt je alle illustraties van het verhaal om in te kleuren:

www.sefa-bilingual.com/coloring

www.ingramcontent.com/pod-product-compliance
Lightning Source LLC
LaVergne TN
LVHW071052100526
838202LV00073B/2704